AF252587

ARCHIVES DIOCÉSAINES

INVENTAIRE SOMMAIRE

Nº d'ordre	Cotes	
I	I	*I. Sancti Augustini expositio in psalmos L. — II. Bedæ expositio in tabernaculum testimonii.* Très beau manuscrit de la première moitié du xii° siècle sur parchemin à 2 colonnes. La grande initiale B occupe la moitié de la première page et forme un entrelacement fantastique de branches feuillagées, d'oiseaux, de monstres, encadrant quelques sujets relatifs à la vie du roi David : il sonne du cornet à bouquin, il étrangle une bête féroce, il frappe Goliath de sa fronde, il joue de la harpe. Le géant Goliath est armé d'une cotte de mailles, d'une lance et d'un casque conique tout comme les guerriers normands de la Broderie de Bayeux. Cette miniature tracée à la plume est peinte en tons clairs ; le vert et le rouge dominent avec quelques fonds bleu clair ou pourpre. Au bas de la première page on lit : *Ex libris manuscriptis monasterii Beatæ Mariæ de Lyra, ordinis sancti Benedicti, Congregationis Sancti Mauri.* In folio, reliure neuve de velours noir avec clous et coins de cuivre argenté. Fonds de l'Evêché.
2	2	*Biblia sacra.* Ce manuscrit sur vélin, d'une calligraphie merveilleuse de finesse et

N° d'ordre	Cotes	
		de régularité, est, croyons-nous, d'origine anglaise. Les lettres gothiques sont légèrement allongées; en tête de chaque livre, une petite miniature sur fond d'or avec un ou deux personnages; les autres initiales sont bleues à filigranes rouges, ou rouges à filigranes bleus. Commencement du xivᵉ siècle. In-12, reliure en maroquin rouge signée : *R. P. Thouvenin.* Sur la garde on voit l'*Ex libris Alfred Mosselman*, avec deux blasons en couleur. Au-dessous on lit : *Ce livre a été donné à M. l'abbé Jouen. chanoine d'Évreux et vicaire général du diocèse, par M. Mosselman et ses enfants, 1856;* et plus bas : *Offert à Mgr Grolleau, évêque d'Evreux, en souvenir de M. l'abbé Jouen, 1885.* Fonds de l'Evêché.
3	3	« Sequitur Inventarium sive Regestrum litterarum et cartarum ecclesie Ebroicensi spectancium ac personis ejusdem, de libertatibus, franchisiis, fundacionibus, redditibus, decimis, hereditatibus, exemptionibus, juribus et aliis materiis... Factum per nos Petrum Francisci penitenciarium, Gauffridum Amici et Johannem Sapientis canonicos ejusdem ecclesie commissos ab hoc per capitulum et specialiter deputatos. In quo opere vacare incepimus anno Domini Milⁿⁱᵒ ccccᵒ xxxviᵗᵒ. die lune quarta junii, reponendo prefatas literas in locis sibi convenientibus secundum litteras alphabeti, insequendo nomina parochiarum villarum, etc. » La première charte est intitulée : « Admortizacio triginta librarum concessa Philippo Ebroicensi episcopo... » (déchirure atteignant les trois premiers feuillets). Les pièces sont du xiiiᵉ siècle et surtout du xivᵉ : beaucoup sont en français; les cinq derniers feuillets renferment des titres concernant le doyen, « Pro decano ». Ce recueil est différent des cartulaires conservés aux Archives départementales sous les cotes G. 69, G. 122, G. 123, G. 124, G. 125; il compte 192 feuil-

N° d'ordre	Cotes	
		lets et paraît complet. Toutefois, il se pourrait, ainsi que l'a fait remarquer M. l'abbé Blanquart (*Documents et bulles d'indulgences relatifs aux travaux exécutés du XIII° au XVI° siècle à la cathédrale d'Evreux*, Rouen, 1893, p. 6), qu'il formât « le premier fascicule d'une compilation plus étendue dans laquelle le chapitre avait voulu rassembler les titres de son chartrier en les disposant suivant un ordre alphabétique de convention. » Petit in-fol., papier ; reliure de peau blanche sur ais de chêne. Fonds de l'Evêché.
4	4	Statuts du chapitre d'Evreux. « Sequuntur statuta et ordinaciones ecclesie nostre Ebroicensis non solum per nos et de novo institute, sed per vestigia predecessorum nostrorum in conclusione cujuslibet capituli generalis facte et publicate. Quequidem statuta et ordinaciones, ut premittitur, dictorum predecessorum nostrorum insequi debemus et tenemur, mediante proprio juramento in receptione cujusvis nostri facto ; et eciam secundum predecessorum nostrorum jura antiquitus edita renovari seu refricari precipimus et mandamus, ac de cetero a nobis et subditis nostris observari volumus et jubemus. » Cette nouvelle récension comprend les statuts, usages, cérémonies depuis la fin du XII° siècle jesqu'en 1548. Voici le début du recueil : « Hec sunt generales conventalium ecclesiarum de clericis consuetudines reducte ad memoriam tempore venerabilis patris nostri episcopi Egidii, et Domini Roberti Rothomagensis et Ebroicensis decani contemporanei ejus, et ab eis in capitulo firmate. » Gilles du Perche fut évêque d'Evreux de 1170 à 1180. Les statuts capitulaires furent notamment renouvelés et augmentés en 1426, 1427, 1428, 1430 et 1451 « post nubila bellorum et guerrarum incommoda. » Petit in-fol., papier ; XVI° siècle ; reliure veau brun. Fonds de l'Evêché.
5	5	Obituaire du chapitre d'Evreux. In-4°,

N° d'ordre	Cotes	
		parchemin; lettres rubriquées; mauvais état de conservation; fin du xv° siècle. Reliure veau brun, coins en cuivre. Fonds de l'Evêché.
6	6	Obituaire du chapitre d'Evreux. Lettres rubriquées; état médiocre. Une note du xviii° siècle collée sur la couverture porte cette indication. « N° 1er. Obituaire ou livre ancien en parchemin contenant le nom des anciens fondateurs et bienfaiteurs de l'église, ce qu'ils ont donné le jour de leur mort et les fondations qu'ils ont faites, 1517. Capse 12°, cotte &. &. » In-4, parchemin; reliure veau fauve du xvii° siècle. Sur le plat supérieur, ces mots imprimés à froid : OBITOIRE DE N. DAME D'EVREUX. Nous croyons cet obituaire un peu moins ancien que le précédent. Fonds de l'Evêché.
7	7	Obituaire du chapitre d'Evreux. « In hoc libro continetur ordinata series omnium obituum in ecclesia cathedrali Ebroicensi fundatorum. » In-4°, parchemin; xviii° siècle; reliure veau brun. Le texte de ces trois obituaires est identique.
8 9, 10	9c 9d 9e	Graduel en trois volumes, grand in fol., parchemin, ayant appartenu au couvent des Cordeliers de Saint-Jean d'Evreux, comme l'indiquent les deux notes suivantes, en lettres rubriquées, insérées au fol. 73 du premier volume. « Volumen istud cum duobus eque paribus fuerunt incepta circa annum Domini 1516, sub honorando patre Stephano Dyonisii sacre theologie doctore, ac hujus conventus gardiano, per fratrem Jheremiam Louvel, hujus conventus filium; completa vero anno Domini 1527 sub reverendo patre Nicolao Roussin (?) sacre theologie professore, custodie Normanie custode, ac hujus conventus tunc gardiano. » Et au verso du même feuillet : « Anno Domini 1527, iste liber pro conventu fratrum sancti Johannis Ebroicensis, per fratrem Jheremiam Louvel, ejusdem con-

N° d'ordre	Cotes

ventus filium nativum, fuit scriptus, notatus, religatus et completus. »

« Le premier volume comprend le propre du temps, de Pâques au xxiie dimanche après la Pentecôte. Le texte ne diffère pas sensiblement de celui du graduel romain. Les proses y sont toutefois plus nombreuses. Celle de Pâques, *Victime paschali laudes* renferme après le ℣ *Surrexit Christus spes mea*, le verset suivant en usage presque partout ailleurs : *Credendum est magis soli Marie quam Judeorum turbe fallaci*. Le dimanche de Quasimodo, on chantait à Saint-Jean d'Evreux la prose *Surgit Christus cum trophaeo*, dans laquelle une curieuse paraphrase du *Victime paschali* met en scène sainte Marie-Madeleine. L'Ascension avait sa prose *Rex omnipotens die hodierna*, qui figure en beaucoup de missels romains-français. La prose de la Pentecôte était non pas *Veni sancte Spiritus*, mais *Sancti Spiritus adsit nobis gratia*, et celle de la Sainte Trinité, *Benedicta sit beata Trinitas*. Ces deux proses se chantaient dans la plupart des églises de France. Au jour de la Fête-Dieu, le *Lauda Sion* de saint Thomas célébrait le Saint-Sacrement, comme à présent. Ce volume, remarquable par sa calligraphie soignée, sa notation bien nette, ses lettres ornées et surtout ses miniatures, a été mutilé en plusieurs endroits.

« Le second volume n'a pas été plus respecté. Aussi remarquable que le premier pour sa parfaite exécution, il contient la majeure partie du Sanctoral, et commence à l'Alleluia de la fête de saint Nicolas : *Tumba sancti Nicholai sacrum resudat oleum quod aegros sanat*, et finit à la fête de saint Cyriaque, le 8 août. La messe de Notre-Dame des Neiges est particulièrement curieuse. Tout y est emprunté à la légende; pas un mot de la Sainte-Ecriture.

« Le troisième volume, moins soigné

<table>
<tr><td>N° d'ordre</td><td>Cotes</td></tr>
</table>

que les deux premiers, n'est pas en caractères gothiques comme eux, mais en caractères romains. Il ne renferme que des messes particulières à l'ordre de saint François, et semble n'être qu'un supplément du Sanctoral. »

A cette note rédigée en 1898 par un savant liturgiste, M. l'abbé Morel, curé de Chevrières (Oise), nous ajouterons quelques mots.

La dernière partie du graduel décrit ci-dessus ne date que du XVIIe siècle, et formait, en réalité, un supplément. Le troisième volume annoncé dans la note de frère Jérémie Louvel se trouve aujourd'hui à la Bibliothèque municipale d'Evreux (L. 116.) Au bas de la page 82 on lit, en lettres dorées : « Anno Domini 1518, iste liber pro conventu fratrum Minorum Sancti Johannis Ebroicensis per fratrem Jheremiam Louvel ejusdam (*sic*) conventus filium nativum fuit scriptus et completus. »

La plus grande partie des miniatures du premier volume (9ᵛ) ont disparu sous la main d'ineptes destructeurs, et les quatre qui restent sont en mauvais état de conservation. Néanmoins, par l'ampleur de leur style, la richesse de leur ornementation, l'harmonie de leurs couleurs, elles font songer aux splendides livres choraux conservés à la bibliothèque du Dôme de Sienne, à la Chartreuse de Pavie, au couvent de Saint-Marc et au Dôme de Florence.

Dans la lettre R du *Resurrexi* de l'introït de Pâques figure Notre-Seigneur sortant glorieux de son tombeau, près duquel un chanoine se tient à genoux, revêtu d'un surplis à grandes manches, avec l'aumusse noire sur le bras gauche. L'encadrement latéral de la page est historié de petites scènes représentant les apparitions de Jésus-Christ après sa résurrection à sa sainte mère, à sainte Madeleine, aux disciples d'Emmaüs, à saint Thomas. Au bas, les apôtres et les saintes femmes se rendant au sépulcre. A gauche, dans un rinceau renaissance, les armoiries plusieurs fois répétées des Frères-Mineurs : une croix de sable sur la hampe de laquelle s'entrecroisent un bras de Notre-Seigneur et un bras de saint François avec les stigmates.

La page de la Pentecôte a disparu ; mais, sans doute par l'effet d'une humidité prolongée, toute la miniature, qui a disparu de la page qu'elle ornait, s'est trouvée exactement reportée avec ses couleurs et ses moindres détails sur le verso du feuillet précédent. La grande initiale renferme la scène de la Descente du Saint-Esprit sur la sainte Vierge et les apôtres réunis dans le cénacle. A droite et à gauche de la page, sur fond azuré, deux superbes rinceaux renaissance en camaïeu gris, entrecoupés de cartouches, de dauphins adossés, de petits génies nus tenant des banderolles déployées, de vases d'une grande élégance et de médaillons d'empereurs romains encadrés d'une épaisse couronne de laurier. Cette décoration est d'un sentiment tout italien. Au bas de la page, au centre, un grand écusson azur avec les sigles I. F. A droite, un donateur à genoux aux pieds de saint Jean-Baptiste, à gauche, une donatrice à genoux devant saint Jean l'Évangéliste. Dans le fond, un paysage tranquille et clair, comme dans les tableaux de l'école ombrienne.

La Sainte Trinité est figurée sous les traits du Père éternel en costume papal, assis sur un trône et soutenant de ses deux mains Jésus crucifié ; le Saint-Esprit plane entre eux.

La dernière miniature se trouve à l'introït de la fête du Saint-Sacrement ; c'est la mieux conservée. Un prêtre à genoux, vu de profil, la tête portant la couronne monacale, tient un calice d'une main et une hostie de l'autre ;

N° d'ordre	Cotes	
		sa chasuble rouge à plis flottants est doublée de vert. Dans le fond, un léger lointain montagneux.
		Malgré le mauvais état de ces miniatures, il est permis de dire que le bon religieux qui les exécuta était un artiste fort habile. Fonds de l'Evêché.
11	7ᴬ	Graduels de l'année. Sur le titre : « Ad usum ecclesiæ cathedralis Ebroicensis. Josephus Duval ejusdem eccles. capellanus scripsit. 1742. » In 4°, parchemin. Fonds de l'Evêché.
12	1ᴬ	*Gelasii Cyziceni Commentarii Actorum Nicaeni concilii.* Manuscrit grec sur papier, d'une régularité parfaite. On lit sur la marge de la première page : *Monasterii S. Taurini Ebroicensis, cong. S. Mauri.* In fol; XVIᵉ siècle; reliure veau fauve; sur le dos, les armes de l'un des cardinaux de Bourbon, archevêques de Rouen. Fonds de l'Evêché.
13	10	Insinuations ecclésiastiques. Registre commencé le 14 janvier 1762 et fini le 2 août 1763. Moyen in fol. de 400 feuillets. On appelait Insinuations la transcription des actes ecclésiastiques sur les registres de bureaux établis à cet effet dans chaque diocèse, d'abord par édit d'Henri II du mois de mars 1553, puis par ordonnance d'Henri IV en 1595; mais ce ne fut qu'à partir de 1691 que cette institution fonctionna régulièrement jusqu'à la Révolution. La collection des registres des Insinuations d'Evreux (fonds du Secrétariat), ne commence qu'au 40ᵉ volume; il y a donc une lacune de près de soixante-dix années.
14	11	Registre commencé le 3 août 1763 et fini le 4 mars 1765.
15	12	Registre commencé le 13 mars 1765 et fini le 26 mars 1767. Le registre suivant de 1767 à 1769 manque.
16	13	Registre commencé le 1ᵉʳ juin 1769 et fini le 31 juillet 1771.

N° d'ordre	Cotes	
17	14	Registre commencé le 1er août 1771 et fini le 27 juin 1774.
18	15	Registre commencé le 28 juin 1774 et fini le 5 avril 1777.
19	16	Registre commencé le 6 avril 1777 et fini le 27 février 1780. Le registre suivant de 1780 à 1782 manque.
20	17	Registre commencé le 13 août 1782 et fini le 24 janvier 1785.
21	18	Registre commencé le 25 janvier 1785 et fini le 24 avril 1787.
22	19	Registre commencé le 27 avril 1787 et fini le 28 mai 1789. Le registre final de 1789 à... manque.
23	20	Registre des collations de bénéfices, des ordinations. La première pièce, pag. 1, est la collation du prieuré de Douest Buzot à Thomas Beuzelin, curé de la 3e portion de l'église d'Avernes, au diocèse de Lisieux, le 7 février 1781. La dernière pièce, pag. 298, est la collation de l'église de Saint-Elier, doyenné de Conches, à Jean-Baptiste Auvray, prêtre du diocèse de Coutances, le 4 juillet 1788. Ce registre in fol., différent de ceux des Insinuations, était le 46e de cette collection. Fonds du Secrétariat.
24	21	Etat du produit annuel des dixmes, fermes, terres et autres biens du Chapitre d'Evreux, xviie et xviiie siècle. Agenda de 130 feuillets. Fonds du Secrétariat.
25	22	Registre des délibérations du Chapitre d'Evreux, du 4 octobre 1776 au 8 juin 1789. In fol. de 199 pages. Fonds du Secrétariat. Il existe aux Archives de l'Eure un registre des procès-verbaux des délibérations capitulaires, du 10 novembre 1707 au 4 juillet 1720. Série G. 54.
26	8	Pouillé du diocèze d'Evreux, 1777. Contenant une courte notice préliminaire sur les établissements du clergé séculier et régulier, puis les bénéfices, le nom des patrons-présentateurs et des titulaires, enfin les revenus. Le diocèse d'Evreux comprenait

Nº d'ordre	Cotes	
		3 archidiaconés, 13 doyennés, 550 paroisses et 6 annexes. In 4°; reliure moderne. Fonds de l'Evêché.
27	23	Pouillé du diocèze d'Evreux, 1777. Double. Fonds du Secrétariat.
28	24	Pouillé du diocèse d'Evreux dressé en vue de connaître le revenu des bénéfices et la somme à laquelle il doit être imposé suivant l'évaluation faite par la chambre du clergé et sa délibération du 22 décembre 1748. Grand in fol. Fonds du Secrétariat.
29	27	Extrait et recueil de statuts tirés tant d'un livre ancien des statuts de l'église cathédrale Notre-Dame d'Evreux, que des registres du Chapitre de cette église en l'année 1615, et renouvelés et approuvés de rechef en la présente année 1648 aux chapitres généraux. — Gain journalier de Messieurs les Chanoines de l'église cathédrale d'Evreux pour leur assistance à l'office divin pendant le cours de chaque année, commençante le 1er jour d'octobre. — Pour la partition des grains etc. — Cahier in fol.; xviiie siècle. Fonds de l'Evêché. Il en existe une copie dans le fonds du Secrétariat.
30	27ᴬ	Extrait d'une délibération du chapitre d'Evreux portant règlement sur les maisons canoniales, le 23 juin 1741. Fonds du Secrétariat.
31	31	Pouillé du diocèse d'Evreux contenant : 1° les bénéfices; 2° les saints patrons; 3° les patrons-présentateurs; 4° le revenu; 5° les anciennes décimes; 6° la distance d'Evreux. Le diocèse renferme 550 paroisses; le total des revenus de tous les bénéfices, y compris ceux de la cathédrale, s'élève à 818,463 livres. Petit registre in-12; xviiie siècle. Fonds du Secrétariat.
32	38	Bulle de Pie VI, du 17 des calendes de décembre 1786, nommant M. l'abbé François-Jacques de Narbonne à l'abbaye de Notre-Dame-lès-Gambon, de l'ordre de

N° d'ordre	Cotes	
		Citeaux, au diocèse de Viviers. Original scellé d'une petite bulle de plomb. Fonds de l'Evêché.
33	36	Chapitre d'Evreux. Compte, année capitulaire d'octobre 1788 à 1789. Ce compte est rendu aux doyen, chanoines et chapitre par M. Pierre Héron, avocat-conseil et receveur du dit chapitre. Les recettes totales s'élèvent à 43,130 livres, 1 sol, 8 deniers, et les dépenses totales à 35,243 livres, 10 sols, 8 deniers, d'où un excédent de recettes de 7,886 livres 11 sols, auquel s'ajoutera la somme de 3,899 livres 11 sols 6 deniers d'arrérages non payés, que le receveur avancera selon les conventions. Cet excédent de 11,786 livres, 2 sols, 6 deniers devait être distribué en *cuilibet*; ce qui donnait à *cuilibet* des chanoines une somme de 403 livres, 13 sols, 9 deniers. Ce compte porte les signatures : Delangle de Dardez, Bolivaud, Fresnay, Héron. Cahier grand in fol. Fonds du Secrétariat.
34	28	Pouillé du diocèse d'Evreux selon l'ancienne distribution en onze doyennés. Registre-cahier, petit in fol. contenant les noms des curés du diocèse non assermentés, déportés, traditeurs, soumis, retractés et relevés, et ceux des intrus, « enfants de Lindet », mariés ou non. Fin du xviiiᵉ siècle. Fonds de l'Evêché.
35	35	Etat du diocèse d'Evreux par doyennés, fait et rédigé par les vicaires généraux du chapitre, le siège étant vacant, du 20 janvier... 1802. Etabli d'après l'ancienne circonscription du diocèse et renfermant les noms des curés assermentés ou non, rétractés ou non, des paroisses desservies ou non, avec des notes personnelles sur les desservants. Cahier in fol. Fonds du Secrétariat.
26	36	Liasse contenant de nombreuses rétractations de serment de prêtres et de religieuses du diocèse d'Evreux. Fin du xviiiᵉ siècle et

N° d'ordre	Cotes	
37	37	commencement du xixᵉ. Fonds du Secrétariat. Délibérations extraordinaires du Chapitre d'Evreux des 27 octobre et 1ᵉʳ décembre 1800, et 23 décembre 1801, présidées par M. de Narbonne, chanoine, archidiacre du Neubourg. Dans la seconde délibération, les membres du chapitre désignent comme vicaires généraux du diocèse MM. de Narbonne, Bailly, Debence, La Boissière et Fresnay. Dans celle du 23 décembre 1801, les chanoines ont appris que M. l'abbé de Salamon a été nommé par le cardinal Légat *a latere*, administrateur non seulement du diocèse de Rouen, mais encore de celui d'Evreux. M. Fresnay ira à Paris pour reconnaître les pouvoirs de M. de Salamon, ainsi que l'a fait le chapitre de Rouen. Fonds de l'Evêché.
38	25	Registre des délibérations des fidèles chrétiens, catholiques, apostoliques et romains réintégrés dans l'exercice des cérémonies religieuses en vertu de la loy du unse (*sic*) prairial 3ᵉ année républicaine, et authorisées par les autorités constituées de la commune d'Evreux, aux termes de la ditte loy. — La première assemblée eut lieu à la cathédrale le 5 juillet 1795; les autres réunions, assez rares d'ailleurs, sont du 25 décembre 1795; 10 juillet 1796, etc; 3 juillet 1797; 30 décembre 1798; 20 janvier 1799; 20 janvier 1800, 26 décembre 1800, etc. Elles étaient présidées par des chanoines demeurés à Evreux, notamment par MM. de Narbonne, Langeux, Fresnay, Bourlet, assistés de pieux laïques. La signature de Mgr J. B. Bourlier, évêque d'Evreux, apparaît pour la première fois au bas d'un compte de recettes et dépenses, le 31 janvier 1803. Le registre s'arrête au feuillet 23 (exercice du 1ᵉʳ janvier 1803 à juin 1804. Fonds du Secrétariat.
39	41	Histoire du Grand Séminaire d'Evreux

N° d'ordre	Cotes	
		depuis son établissement en 1667 jusqu'à présent. Aux dernières lignes du manuscrit il est parlé de M. Tessey, prêtre du diocèse du Mans « qui gouverne aujourd'hui et qui remplit bien cette place. » Or, M. Jean Tessey était supérieur du Grand Séminaire en 1753. Cahier petit in fol. de 100 pages. Fonds du Secrétariat.
40	32	Pièces relatives à une récognition des reliques de saint Taurin faite par MM. Aprix de la Brunière, vicaire général et doyen du chapitre, Claude-Jean Le Roussel, curé de Saint-Taurin, Pierre Osmond, chanoine, et Guillaume Painchon, chanoine, secrétaire de l'évêché, les 17 et 21 septembre 1805. Le fragment de la relique qui fut alors extraite était destiné à l'église de Lezoux. Fonds du Secrétariat.
41	34	Dépôt de l'acte de décès de Mgr François de Narbonne, ancien évêque d'Evreux, mort à Rome le 12 novembre 1792, fait le 7 mai 1806. Fonds du Secrétariat.
42	31ᴬ	Lettre de Louis XVIII, du 5 août 1814, autorisant les grands vicaires, les chanoines titulaires et honoraires et les curés de la ville d'Evreux à porter la décoration de la *Fleur de lys d'argent*. Fonds du Secrétariat.
43	43	Statuts nouveaux présentés par la Charité d'Evreux. Commencement du xixᵉ siècle. Fonds de l'Evêché.
44	44	Legs de M. de Cernay au chapitre de la cathédrale; pièces notariées, 1818. Fonds du Secrétariat.
45	45	1° Lettre de Mgr Du Châtelier, du 31 décembre 1822, établissant l'office capitulaire dans la cathédrale; 2° lettre du même, du 4 juin 1836, érigeant dans la cathédrale la Confrérie du Sacré Cœur de Jésus; 3° lettres diverses du même à l'occasion de sa prise de possession du siège d'Evreux; 4° lettres du Ministre des cultes. Fonds du Secrétariat.
46	33	Procès-verbaux de récognition des reli-

Nº d'ordre	Cotes	
		ques de saint Nicaise, provenant originairement de l'église de Saint-Nicolas de Meulan et transférées dans la cathédrale d'Evreux. Originaux signés et scellés de cire rouge, 1ᵉʳ avril 1836. Fonds du Secrétariat.
47	4²	Etat des archives de l'évêché en 1839. Inventaire sommaire dressé par M. l'abbé Moisson, chanoine titulaire, receveur et secrétaire du chapitre. Fonds de l'Evêché.
48	9	Notice historique sur les Saints du diocèse d'Evreux, par M. l'abbé Delanoë. Les saints sont les suivants : saint Taurin; SS. Mauxe et Vénérand; saint Gaud; saint Laudulphe; saint Eterne; saint Aquilin; saint Géroald; saint Leufroy; saint Turiave ou Turien; saint Agofroid; saint Barsenore; saint Humbault; saint Guillmont; saint Adjuteur. Petit in-4° de 134 pages. Fonds de l'Evêché.
49	9ᴬ	Recueil de divers mémoires pour servir à l'histoire des évêques d'Evreux depuis saint Taurin apôtre du diocèse à la fin du troisième siècle ou au commencement du quatrième, jusques à M. de Salmon du Châtelier, mort le 8 avril 1841, par M. l'abbé Delancë. A la fin du volume on lit : 18 mars 1847. In-4°; reliure maroquin rouge. Fonds de l'Evêché.
50	9ᴮ	Copie du même manuscrit de la main de l'auteur. In-4°; reliure maroquin noir. Fonds du Secrétariat.
51	29	Ensuivent les chartres translatées de latin en français des miracles faits en la chapelle de la Magdelaine sur Seine auprès de Vernon. Copie moderne très défectueuse d'un ms. du XVIᵉ siècle. Fonds de l'Evêché.
52	30	Sermons de M. l'abbé Delancë sur saint Taurin, sur l'invention des reliques de saint Taurin, sur la fête des saints évêques d'Evreux; 5 pièces. Fonds de l'Evêché.
53	39	*Missale Ebroicense*, édité en 1583 par l'évêque Claude de Sainctes. Description du missel, calendrier, particularités liturgiques

N° d'ordre	Cotes	
		(pag. 1 à 64). — Préface de l'évêque Jacques du Perron pour l'édition du bréviaire d'Evreux de 1604 (pag. 65). Le reste du ms. se rapporte au cérémonial de l'église d'Evreux. Papiers de M. l'abbé Delancë. Fonds de l'Evêché.
54	40	Liasse relative à la confection du Propre d'Evreux, du calendrier et du bréviaire édité par Mgr de Salmon du Châtelier en 1829. Papiers de M. l'abbé Delanoë. Fonds de l'Evêché.
55	30ᴬ	Cérémonial du diocèse d'Evreux, par M. l'abbé Delancë. Sans date; travail fort important; 1 vol in fol. non relié, de 283 pages. Fonds de l'Evêché.
56	46	Bulles épiscopales de Mgr Jean Devoucoux. Copie authentique expédiée de Rome contenant : 1° Bulle d'institution adressée à Mgr Devoucoux élu. Donné à Rome, apud Sanctum Petrum, le 15 des calendes d'avril 1857; 2° Bulle d'absolution des censures; 3° Bulle adressée à Mgr l'archevêque de Rouen; 4° Bulle adressée à l'empereur Napoléon III; 5° Bulle adressée au chapitre d'Evreux; 6° Bulle adressée au clergé de la ville et du diocèse d'Evreux; 7° Bulle adressée aux fidèles de la ville et du diocèse d'Evreux; 8° Bulle autorisant Mgr Devoucoux à se faire sacrer par l'évêque qu'il aura choisi. Donné à Rome, apud Sanctum Petrum, le 14 des calendes d'avril 1857. Fonds du Secrétariat.
57	47	Lettre de Mgr de Marguerye, évêque d'Autun, notifiant qu'il a donné la consécration épiscopale à Mgr Devoucoux, dans la cathédrale d'Autun, le 14 des calendes de mai 1857. Fonds du Secrétariat.
58	48	Bulles épiscopales de Mgr François Grolleau. Copie authentique expédiée de Rome contenant : 1° Bulle d'institution. Donné à Rome, apud Sanctum Petrum, le 5 des calendes de juillet 1870. Suivent les autres bulles comme dans la pièce précé-

N° d'ordre	Cotes	
		dente. A la fin de la copie authentique sont mentionnés l'enregistrement de la bulle originale fait en séance du Conseil d'Etat, et le décret d'autorisation signé de l'impératrice Eugénie, le 30 juillet 1870. Fonds du Secrétariat.
59	49	**Bulles épiscopales de Mgr François Hautin.** 1° Bulle adressée au clergé d'Evreux. Donné à Rome, apud Sanctum Petrum, le 6 des calendes de juillet 1890; 2° Bulle adressée au clergé de la ville et du diocèse; 3° Bulle adressée aux fidèles. A chacune de ces bulles est suspendu un sceau de plomb sur lacs de soie blanche. Fonds du Secrétariat.
60	50	**Bulles de Mgr Siméon Colomb.** 1° Bulle d'institution. Donné à Rome, apud Sanctum Petrum, le 7 des calendes de juillet 1896; enregistrée en séance du Conseil d'Etat le 11 août 1896 autorisée par décret du Président de la République le 16 août 1896; 2° Bulle d'absolution des censures; 3° Bulle adressée au clergé de la ville et du diocèse; 4° Bulle adressée aux fidèles; 5° Bulle autorisant Mgr Colomb à se faire sacrer par l'évêque qu'il aura choisi. A toutes ces bulles est suspendu un sceau de plomb sur lacs de soie blanche. Fonds du Secrétariat.
61	51	**Bulles épiscopales de Mgr Philippe Meunier.** 1° Bulle d'institution. Donné à Rome, apud Sanctum Petrum, le 9 des calendes d'avril 1898; enregistrée en séance du Conseil d'Etat le 9 juin 1898 autorisée par décret du Président de la République le 10 juin 1898; 2° Bulle d'absolution des censures; 3° Bulle adressée au clergé de la ville et du diocèse; 4° Bulle adressée aux fidèles; 5° Bulle autorisant Mgr Meunier à se faire sacrer par l'évêque qu'il aura choisi. Toutes ces bulles ont un sceau de plomb sur lacs de soie blanche. Fonds de l'Evêché.
62	52	**Bulle de Célestin III,** du 30 janvier 1192, accordant certains privilèges au prieuré des

N° d'ordre	Cotes	
		Deux-Amants. Parchemin. (Don de M. le curé de Bournainville).
63	53	Ordonnance des vicaires généraux de l'évêque d'Evreux établissant dans l'église de Saint-Clair d'Arcey une confrérie de Saint Clair; avec les noms des frères fondateurs. Pancarte de parchemin avec miniature; xvᵉ siècle. (Id.)
64	54	Quittance d'une somme de 15 livres tournois donnée au receveur de la vicomté de Verneuil par Sœur Marguerite de la Rosière, prieure de Chaise-Dieu, 16 octobre 1555. Parchemin. (Id.)
65	55	Lettres de prêtrise données par Mgr François de Péricard, évêque d'Evreux, à Robert Roussel, le 19 septembre 1637. Parchemin. (Id).
66	56	Bulle d'Innocent X, du 5 septembre 1646, érigeant une confrérie de Saint Michel dans l'église de Notre-Dame de la Couture de Bernay. Sceau de plomb attaché à des lacs de chanvre. Parchemin. (Id.)
67	57	Lettre autographe signée de Mgr Jean Le Normant, évêque d'Evreux. Evreux, 4 novembre 1721. (Id.)
68	58	Lettre autographe signée de Mgr Charles-Alexandre Le Filleul de la Chapelle, évêque de Vabres. Vabres, 1ᵉʳ février 1726. Né à la Chapelle-Gautier le 8 juillet 1676, mort au même lieu et inhumé dans l'église de la paroisse le 6 février 1764. (Id.)
69	59	Lettre signée de Mgr Louis-Albert de Lezay-Marnésia, ancien évêque d'Evreux. Lons-le-Saunier, 26 août 1776. (Id.)
70	60	Lettre autographe signée de Châteaubriand au secrétaire perpétuel de l'Académie Ebroïcienne. Paris, 14 février 1834. (Id.)
71	61	Carte de l'évêché d'Evreux, dédiée à Mgr Gilles-Boutault, évêque d'Evreux (vers 1655.) Double in-folio. (Id.)

PORÉE,

chanoine curé de Bournainville,
archiviste diocésain.

Évreux. — Imp. de l'Eure, L. Odieuvre